BEI GRIN MACHT SICH IHR WISSEN BEZAHLT

- Wir veröffentlichen Ihre Hausarbeit, Bachelor- und Masterarbeit

- Ihr eigenes eBook und Buch - weltweit in allen wichtigen Shops

- Verdienen Sie an jedem Verkauf

Jetzt bei www.GRIN.com hochladen und kostenlos publizieren

Bibliografische Information der Deutschen Nationalbibliothek:

Die Deutsche Bibliothek verzeichnet diese Publikation in der Deutschen National-bibliografie; detaillierte bibliografische Daten sind im Internet über http://dnb.d-nb.de/ abrufbar.

Dieses Werk sowie alle darin enthaltenen einzelnen Beiträge und Abbildungen sind urheberrechtlich geschützt. Jede Verwertung, die nicht ausdrücklich vom Urheberrechtsschutz zugelassen ist, bedarf der vorherigen Zustimmung des Verlages. Das gilt insbesondere für Vervielfältigungen, Bearbeitungen, Übersetzungen, Mikroverfilmungen, Auswertungen durch Datenbanken und für die Einspeicherung und Verarbeitung in elektronische Systeme. Alle Rechte, auch die des auszugsweisen Nachdrucks, der fotomechanischen Wiedergabe (einschließlich Mikrokopie) sowie der Auswertung durch Datenbanken oder ähnliche Einrichtungen, vorbehalten.

Impressum:

Copyright © 2016 GRIN Verlag
Druck und Bindung: Books on Demand GmbH, Norderstedt Germany
ISBN: 9783668748514

Dieses Buch bei GRIN:

https://www.grin.com/document/431622

Anonym

Zwischen Wahrnehmung und Wahrheit. Eine Untersuchung über die Perspektivität bei Kafkas Figuren und deren Möglichkeit, sicheres Wissen über ihre Welt zu erwerben

GRIN Verlag

GRIN - Your knowledge has value

Der GRIN Verlag publiziert seit 1998 wissenschaftliche Arbeiten von Studenten, Hochschullehrern und anderen Akademikern als eBook und gedrucktes Buch. Die Verlagswebsite www.grin.com ist die ideale Plattform zur Veröffentlichung von Hausarbeiten, Abschlussarbeiten, wissenschaftlichen Aufsätzen, Dissertationen und Fachbüchern.

Besuchen Sie uns im Internet:

http://www.grin.com/

http://www.facebook.com/grincom

http://www.twitter.com/grin_com

Inhaltsverzeichnis

1. Einleitung..1
2. Kafkas Figuren zwischen Wahrnehmung und Wahrheit..2
    2.1 Auf der Galerie...3
    2.2 Im Dom...7
3. Fazit...9
Literaturverzeichnis..11

1. Einleitung

Das Werk Franz Kafkas gehört zu den am häufigsten diskutierten und kontroversesten Texten der deutschen Literatur der Moderne. Zwar liegt dies auch an ihrer hohen Bekanntheit und Beliebtheit, nicht weniger aber mit der Schwierigkeit seiner Interpretation und der daraus entstehenden Vielfalt der Deutungsansätze. So hängt ein umfassendes Verständnis seiner Texte von vielen Teilbereichen ab und auch wenn der große Umfang der bisherigen Kafkaforschung zunächst erschöpfend erscheinen mag, gibt es immer noch neue Erkenntnisse zu gewinnen, anhand derer neue Schlussfolgerungen gezogen werden können. Ein Bereich, der wenn auch nicht vernachlässigt, so doch durchaus überschaubar und für das Verständnis der Literatur Kafkas nicht unbedeutend ist, widmet sich der Frage nach den Möglichkeiten der Wahrnehmung der einzelnen Figuren. Der Zugang der Interpreten zur Kurzprosa wie auch zu den Romanfragmenten hängt nicht zuletzt von der Einschätzung ab, wie sehr der Blick der darin vorkommenden Protagonisten durch ihre Standortgebundenheit getrübt ist, welchen Teil ihrer Umgebung sie erfassen können und welchen nicht. Schließlich erhält der Leser seine Informationen oft durch einen personalen Erzähler und bleibt ebenfalls durch die Perspektivität der Hauptfiguren limitiert.

In der Forschung ist dieses Thema mit verschiedenen Schwerpunkten untersucht worden. Erste Forschungen dazu stellte Friedrich Beißner an, der mit der „Einsinnigkeit" einen über Kafka hinaus anwendbaren Begriff für die perspektivische Beschränkung des Erzählens etablierte.[1] Sich von der alleinigen Betrachtung der Erzählsituation lösend, untersuchte Jörgen Kobs die Sprache in Kafkas Werken und welche Rückschlüsse diese auf das Bewusstsein und die Wahrnehmung der darin vorkommenden Gestalten zulässt.[2] Die Ergebnisse dieser Monographie nahm Margret Walter-Schneider zum Anlass, das Problem der Standortgebundenheit der Figuren als ein zentrales Thema der Literatur Kafkas zu deuten.[3] Schließlich stellte Constanze Busse bei ihrer Analyse von „Das Schloss" fest, dass sich bezüglich dieses Romanfragments ein literaturwissenschaftlicher Perspektivenbegriff anbietet, der im Gegensatz zur „Einsinnigkeit" nicht nur formale, sondern auch inhaltliche Aspekte

---

[1] BEISSNER, Friedrich: Der Erzähler Franz Kafka: ein Vortrag. Stuttgart 1961.
[2] KOBS, Jörgen: Kafka. Untersuchungen zu Sprache und Bewusstsein seiner Gestalten. Bad Homburg v. d. H. 1970.
[3] WALTER-SCHNEIDER, Margret: Denken als Verdacht. Untersuchungen zum Problem der Wahrnehmung im Werk Franz Kafkas. Zürich [u.a.] 1980.

berücksichtigt.[4] Allerdings eröffnete diese Dissertation auch die bislang unbeantwortete Frage, ob ihre Erkenntnisse auch auf andere Texte Kafkas übertragbar seien.[5]

Einen Beitrag zu der Beantwortung eben dieser Frage zu leisten, ist Anliegen der vorliegenden Untersuchung: Ihr Ziel ist es, zu prüfen, inwiefern die Perspektivität der Figuren Kafkas ihnen noch die Möglichkeit lässt, sichere Aussagen zu treffen oder wie zweifelhaft doch ihr gesamtes Weltwissen ist. Zu diesem Zweck bietet sich die Analyse zweier Texte an, nämlich der kurzen Erzählung „Auf der Galerie" und des Kapitels „Im Dom" aus dem Romanfragment „Der Prozess", weil diese die Standortgebundenheit und die Wahrnehmungsgrenzen ihrer Protagonisten in hohem Maße und auf unterschiedliche Weisen zum Gegenstand haben. Ein weiterer Vorteil dieser Auswahl ist, dass sie sowohl Kafkas Kurzprosa als auch eines der Romanfragmente und damit ein differenzierteres Spektrum seines Gesamtwerks berücksichtigt. Es ist nicht die Absicht der vorliegenden Abhandlung, die Vielzahl der bestehenden Deutungen der behandelten Texte pauschal zu verwerfen, vielmehr soll eine ihrer strukturellen Grundlagen beleuchtet werden, die andere Interpretationen stützen oder auch widerlegen kann.

2. Kafkas Figuren zwischen Wahrnehmung und Wahrheit

Wie der Titel der Arbeit, „Zwischen Wahrnehmung und Wahrheit", bereits vermuten lässt, wird in ihr ein Thema berührt, bei dem zunächst einige Begrifflichkeiten geklärt werden müssen: Da es es sich bei Kafkas Kurzgeschichten und Romanfragmenten um fiktive Texte handelt, ist es notwendig darzulegen, was mit den im Folgenden auftretenden Begriffen „Wahrheit" oder „Realität" überhaupt gemeint sein soll. Selbstverständlich bezeichnen diese im Rahmen der vorliegenden Untersuchung keine außerliterarischen Abstrakta, sondern Gegebenheiten innerhalb der fiktiven Entität der Geschichte. Die Frage, ob die Figuren Kafkas die Wahrheit wahrnehmen können, bedeutet also nichts anderes, als dass sie die Umwelt, in der sie sich bewegen, so wie sie tatsächlich ist, erfassen können. Mit „Wahrnehmung" hingegen ist die Art und Weise gemeint, in der sie, nicht nur visuell oder akustisch, sondern auch kognitiv ihre Umgebung erfassen.

Die Gemeinsamkeit der beiden zu untersuchenden Texte liegt, wie im Folgenden gezeigt wird, gerade in der Diskrepanz der Wahrnehmung der Protagonisten und der sie umgebenden

---

4 BUSSE, Constanze: Kafkas deutendes Erzählen. Perspektive und Erzählvorgang in Franz Kafkas Roman „Das Schloss". Münster [u.a.] 2001.
5 Ebd.: S. 257.

fiktiven Realität. Da sie ansonsten sehr verschieden sind, bietet es an, statt an dieser Stelle, zu Beginn der jeweiligen Analyse die darin angewandte Vorgehensweise zu erläutern.

Eine weitere Parallele beider Werke, die vor der Analyse auch nicht unerwähnt bleiben sollte, ist, dass sie Kafkas mittlerer Werkphase entstammen. Die Arbeit an dem fragmentarisch gebliebenen und erst posthum veröffentlichten Roman „Der Prozess" fällt hauptsächlich in die zweite Hälfte des Jahres 1914; „Auf der Galerie" entstand vermutlich um die Jahreswende 1916/1917.[6] Dass die beiden Texte, die Gegenstand dieser Untersuchung sind, in derselben Werkphase entstanden sind, ist nicht zuletzt deswegen wichtig, weil dies ein Grund ist, die Erkenntnisse der Arbeit nicht ohne Weiteres auf sein Früh- oder Spätwerk zu beziehen.

2.1 Auf der Galerie

Ein wiederkehrendes Thema in Kafkas Gesamtwerk ist das Schicksal verschiedener Künstlergestalten. Nicht selten spielt sich dieses in der Manege eines Zirkusses ab, so zum Beispiel das des Affen Rotpeter in „Ein Bericht für die Akademie" oder das des Trapezkünstlers in „Erstes Leid". Auch „Auf der Galerie"[7] spielt in diesem Milieu, unterscheidet sich aber in einem wesentlichen Punkt von den anderen genannten Beispielen: Wie im Folgenden noch gezeigt wird, findet die Erzählung aus der Sicht eines Galeriebesuchers statt und nicht aus der eines Akteurs in der Manege selbst. Um zu verstehen, in welchem Verhältnis die Wahrnehmung der Perspektivfigur zur Wahrheit steht, bietet es sich zunächst an, die Struktur des Textes zu ermitteln, um dann, von dieser ausgehend, den Nachweis zu erbringen, dass die Erzählung tatsächlich aus der Sicht des Galeriebesuchers stattfindet. Anschließend wird anhand formaler und inhaltlicher Merkmale der Versuch unternommen, den Wahrheitsgehalt seiner Eindrücke zu prüfen, bevor letztlich ein erstes Zwischenergebnis formuliert werden kann.

Die gesamte Erzählung besteht aus zwei langen antithetischen Sätzen: Der erste ist eine irreale Konditionalkonstruktion, dessen Bedingungsteil eine hypothetische Situation beschreibt, in der sich das unerträgliche Dasein einer kranken, unter ihrem Beruf leidenden Kunstreiterin endlos fortsetzt. Im Folgeteil steht, dass, wenn diese Bedingung real wäre, ein Galeriebesucher „vielleicht" (S. 35) versuchte, diesen Vorgang zu beenden, indem er in die

---
6 DIETZ, Ludwig: Franz Kafka. 2. Aufl. Stuttgart 1990, S. 71-99.
7 KAFKA, Franz: Auf der Galerie. In: ders.: Historisch-kritische Ausgabe (Ein Landarzt). Hg. von Roland REUSS. Frankfurt a. M. [u. a.] 2006, S. 34-38. Im Folgenden werden nur noch die Seitenzahlen der jeweiligen Textstelle in Klammern hinter dem Zitat angegeben.

Manege liefe und „Halt" riefe. Der zweite Satz, der diesem gegenübersteht, besteht aus einem indikativischen Kausalsatz, in dem das tatsächlich schöne und leidlose Schicksal der Reiterin als Grund dafür angegeben wird, dass der Galeriebesucher - ohne es zu wissen – weint.

Diese Struktur legt es nahe, dass die Person, aus deren Perspektive die Geschichte geschrieben ist, der Galeriebesucher ist, denn obwohl die Ausführungen über die Kunstreiterin in beiden Sätzen den größten Raum einnehmen, sind diese nur in Nebensätzen aneinandergereihte Voraussetzungen für die abschließend in Hauptsätzen formulierten Handlungen des Zuschauers.[8] Auch der Titel der Erzählung spricht dafür, dass es sich bei den Ausführungen um seine Eindrücke handelt, denn er lautet „Auf der Galerie" und nicht etwa „In der Manege".[9] Schließlich wird der Eindruck, dass es sich um die Wahrnehmung dieser Person handelt, auch noch dadurch verstärkt, dass sie, als sie weint, ihr Gesicht auf die Brüstung legt - also das Körperteil, mit dem all die zuvor beschriebenen Wahrnehmungen gemacht wurden.[10]

Nachdem nun die Erzählperspektive geklärt ist, stellt sich die Frage, welche der in den beiden Teilen der Geschichte vorgeschlagenen Versionen der Wahrheit entspricht und ob dies überhaupt eine tut. Zwar sprechen formale Merkmale dafür, dass der zweite Satz diese darstellt, aber die merkwürdige Kausalität des unbewussten Weinens wegen einer eigentlich glücklichen Situation nötigt dazu, dies genauer zu prüfen. Ungeachtet der Interpretationen, die vorschlagen, es solle umgekehrt der erste Teil als die Wahrheit verstanden werden[11], wird hier im Folgenden untersucht, ob überhaupt einer der Teile die Realität der Geschichte darstellt, um dann darauf aufbauend das Verhältnis der Wahrnehmung des Galeriebesuchers zur Wahrheit zu analysieren.

Der zweite Teil ist es, der sich auf formaler Ebene, nämlich aufgrund des vorherrschenden Modus des Indikativ, zunächst als die reale Version der Geschichte anbietet. Der Inhalt widerspricht dieser Annahme jedoch in mehrfacher Hinsicht: So stellt die Beschreibung der darin vorkommenden Figuren eine Umkehrung normaler Verhältnisse dar: Der Direktor, der eigentlich an der Spitze der Zirkushierarchie steht, erwartet „hingebungsvoll" die

---

8 Dies wird deutlicher, wenn man die Sätze kürzt: „Wenn irgendeine Kunsreiterin [...] getrieben würde, [...] vielleicht eilte dann ein junger Galeriebesucher die lange Treppe [...] hinab" (S. 34ff.); „Da [...] eine schöne Dame [...] ihr Glück mit dem ganzen Zirkus teilen will [...], legt der Galeriebesucher das Gesicht auf die Brüstung und [...] weint [...] ohne es zu wissen." (S. 36ff.).
9 KOBS: Untersuchungen. S. 79.
10 Ebd.: S. 96.
11 BINDER, Harmut: Motiv und Gestaltung bei Franz Kafka. Bonn 1966, S. 193; MAST, Günter: Ein Beispiel moderner Erzählkunst in Mißdeutung und Erhellung. In: Göttinger Blätter für Kultur und Erziehung 2 (1962), S. 245; RICHTER, Helmut: Franz Kafka. Werk und Entwurf. Berlin 1962, S. 136f.

Kunstreiterin in unterwürfiger Haltung, während die „stolzen Livrierten" ihr die Vorhänge öffnen (S. 36).[12] Ein weiterer Widerspruch besteht in dem Warnen „mit englischen Ausrufen" (S. 37), dessen Ehrlichkeit mit keinem Wort in Zweifel gezogen wird, obwohl sein täuschender Charakter sich darin offenbart, dass ein wahres, affektives Warnen in der Muttersprache geschieht.[13] Auch der einzige Konjunktiv im zweiten Satz, der im Kontrast zu den ihn umgebenden Indikativen steht, ist ein Indiz für die Zweifelhaftigkeit des Geschehens: Der Direktor hebt die Reiterin „auf einen Apfelschimmel, als wäre sie seine über alles geliebte Enkelin, die sich auf gefährliche Fahrt begibt" (S. 36). Schließlich ist dieser zweite Teil eingerahmt von der Beteuerung, dass „dies so ist" (S. 38) beziehungsweise, dass „es aber nicht so ist" (S. 36) wie es die negative Variante im ersten Teil beschreibt – zusammen mit den anderen Anzeichen, die die Wahrheit dieses Abschnitts fragwürdig machen, wirkt diese Wiederholung aber wie die verzweifelte Rechtfertigung eines ungewissen Sachverhalts. Nimmt man all diese Argumente zusammen, so ist der Schluss zu ziehen, dass im zweiten Satz, auch wenn dieser im Indikativ geschrieben ist, eine von der Perspektivität der Figur unabhängige Wahrheit nicht zu finden ist.

Es stellt sich also die Frage, ob der erste Teil als die Realität der Geschichte zu verstehen ist. Zwar sprechen die vielen Konjunktive, die hier zu finden sind, dagegen, aber nachdem festgestellt worden ist, dass der Indikativ in der Erzählung auch nicht als Modus des Wirklichen gebraucht wird, müssen inhaltliche Anhaltspunkte zur Beantwortung der Frage herangezogen werden. Doch auch wenn hier die Verhältnisse der Zirkusakteure realistischer anmuten, indem zum Beispiel die Kunstreiterin „auf schwankendem Pferd" von ihrem „erbarmungslosen Chef" (S. 34) getrieben wird, ist auch dieser erste Satz von Hinweisen darauf durchzogen, dass auch er nicht die Wahrheit beinhaltet. So wirkt die Art, in der die Dauer der Vorgänge in der Manege beschrieben ist, völlig irreal: Die Reiterin wird „monatelang ohne Unterbrechung im Kreise rundum getrieben" und das „nichtaussetzende Brausen des Orchesters" setzt sich „in die immerfort weiter sich öffnende Zukunft" fort (S. 34f.). Die Unendlichkeit dieses Leids, das explizit, aber durch die Metapher des „im Kreise rundum getrieben" Werdens auch implizit beschrieben wird, hinterlässt den Eindruck einer unwirklichen Dystopie. Hinzu kommt, dass diese Beobachtungen von der Galerie aus gemacht werden, also von einem Ort, wo Besucher sind, deren beschränkter zeitlicher Überblick solche Feststellungen gar nicht zulässt.[14] Schließlich müsste, wenn man von der

---

12 Vgl. KOBS: Untersuchungen. S. 90.
13 Ebd.: S. 91.
14 Vgl. BINDER: Motiv. S. 193.

Galerie doch Gewissheit über dieses Schicksal der Kunstreiterin erlangen könnte, das „Halt" nicht „vielleicht" kommen, sondern mit Bestimmtheit.[15] Somit wirkt der erste genauso wenig wie der zweite Teil der Erzählung so, als ob er die in ihr verstecke Wahrheit widerspiegeln würde.

Dennoch ist anzunehmen, dass der Galeriebesucher gewissermaßen beide Varianten glaubt: Die im zweiten Teil angebotene ist die, die er aktiv und bewusst für wirklich hält; dies zeigen die Indikative und die Wiederholung der Phrase „da dies so ist". Es gibt aber auch noch eine unbewusste Wahrnehmung, deren Existenz sich darin zeigt, dass er weint „ohne es zu wissen" (S. 38); auch belegt dies die Tatsache, dass er „im Schlußmarsch wie in einem schweren Traum" (S. 38) versinkt, da Träumen in der Regeln nichts ist, was bewusst geschieht. Die Satzglieder dieser abschließenden Aussage, in der das Unbewusste thematisiert wird, sind, anders als in dem Rest des Satzes, nicht mehr durch Semikola, sondern durch Kommata getrennt; damit rekurriert der syntaktische Rhythmus dieser Stelle wieder auf den ersten Teil der Geschichte, in dem die Satzglieder gleichfalls durch Kommata getrennt sind.[16] Dies zeigt, dass der Galeriebesucher unbewusst auch eine hypothetische Alternativversion, wie sie im ersten Satz vorgeschlagen wird, für möglich hält.[17]

Es sind also folgende Ergebnisse festgestellt worden: Die Erzählung findet aus der Sicht des Galeriebesuchers statt; die eine Variante der Geschichte, die er bewusst glaubt, ist nicht wahr; die andere, die auch nicht stimmen kann, hält er unbewusst aber für genauso möglich. Die eingangs gestellte Fragestellung war, in welchem Verhältnis die Wahrnehmung der Perspektivfigur zur Wahrheit steht. Bezieht man die gewonnenen Erkenntnisse nun auf die Fragestellung, so ergibt sich erstens die Antwort, dass der Galeriebesucher erstens nicht die Wahrheit erkennt, sondern einem Trugbild erlegen ist. Zweitens hat er unbewusst das Gefühl, dass er falsch liegt und dass die Realität sogar das Gegenteil sein könnte – über diese Erkenntnis, dass er die wahren Umstände nicht zu erfassen vermag, bleiben ihm aber weitere Einsichten verwehrt.

---

15 Vgl. KOBS: Untersuchungen. S. 88.
16 Vgl. MAST: Erzählkunst. S. 240.
17 Bei KOBS: Untersuchungen. S. 82, heißt es: Der erste Teil „führt keine außersubjektive Realität vor, sondern den nur hypothetischen Entwurf eines denkenden Bewusstseins."

2.2 Im Dom

Das sich in dem Romanfragment „Der Prozess"[18] befindende Kapitel „Im Dom" befasst sich unter anderem ebenfalls mit der Suche nach einer Wahrheit. Anders als in „Auf der Galerie" spielt sich diese jedoch nicht im Unbewussten ab, sondern sie geschieht aktiv, nämlich in der Form einer Diskussion zwischen der Hauptperson, Josef K., und einem Gefängnisgeistlichen, wobei die Exegese der Parabel „Vor dem Gesetz"[19] erörtert wird. Dieser Text, der „in den einleitenden Schriften zum Gesetz" steht, soll K. zeigen, inwiefern er sich in dem Gericht täuscht (S.375). Für die Beantwortung der Fragestellung dieser Arbeit erweist sich der Teil des Kapitels, der sich mit den verschiedenen Auslegungen der Parabel beschäftigt, als besonders fruchtbar, denn hier erfährt man viel über die perspektivische Beschränkung der Wahrnehmung und die daraus resultierende Unmöglichkeit, eine Wahrheit zu erkennen. Im Zuge der Auswertung dieser Textstelle wird im Folgenden die Bedeutung einiger der vorkommenden Sachverhalte und Begriffe für die Fragestellung erklärt. Anschließend wird die Vielfalt der vom Geistlichen vorgestellten Interpretationen von „Vor dem Gesetz" vorgestellt, bevor die daraus resultierende Unmöglichkeit, an eine Wahrheit zu gelangen, erläutert wird.

Zunächst ist es wichtig, zu klären, welche Bedeutung für die Fragestellung das im Zentrum des Kapitels stehende Textelement, die Parabel, hat: Ihr Wortlaut ist es, der in diesem Zusammenhang die von dem Protagonisten gesuchte Wahrheit darstellt, denn in ihm soll K. vor Augen geführt werden, wie er sich im Gericht täuscht, was von hoher Bedeutung für seinen Prozess wäre. Die Interpretation hingegen, die K. von „Vor dem Gesetz" hat und oft mit dem Begriff „Meinung" umschrieben wird, stellt seine subjektive Wahrnehmung des Sachverhalts dar. Schließlich ist der vielfach erwähnte Vorgang des Verstehens[20] der Schritt, der notwendig ist, um von der eigenen Auffassung der Dinge zu der Wahrheit zu gelangen; ebenfalls findet der Ausdruck „Täuschung" Erwähnung, der die gegenteilige Bedeutung hat, denn sie ist es, die es unmöglich macht, dass die eigene Auffassung der Wahrheit entspricht.

Gleich nachdem der Gefängnisgeistliche seine Erzählung der Parabel beendet hat, wird die Diskrepanz zwischen Wahrnehmung und Wahrheit, also zwischen Interpretation und Wortlaut

---

18 KAFKA, Franz: Der Prozess. In: ders.: Historisch-kritische Ausgabe (Der Prozess). Hg. von Roland REUSS. Frankfurt a. M. [u. a.] 2008; das Kapitel „Im Dom" befindet sich auf den Seiten 347-391. Auch hier werden im Folgenden nur noch die Seitenzahlen der jeweiligen Textstelle in Klammern hinter dem Zitat angegeben.
19 Diese Geschichte wurde auch separat im Erzählband „Im Landarzt" veröffentlicht, in dem auch „Auf der Galerie" enthalten ist.
20 Bei MÜLLER, Klaus-Detlef: Franz Kafka. Romane. Berlin 2007, S. 92f. steht: „Auf gut vier Seiten (P 273-277) wird fünfzehn Mal das Wort 'verstehen' in unterschiedlichen Morphemen verwendet, wobei sich das vor allem auf K.s Nichtverstehen bezieht". Daraus schließt er, dass die zentrale Problematik des Kapitels K.s Missverstehen sei.

thematisiert: Als K. seine Lesart der Geschichte äußert, dass der Türhüter den Mann vom Lande getäuscht habe, bekommt er vom Geistlichen die Antwort, er solle ihn nicht missverstehen. Als Begründung dazu heißt es: „Du mußt nicht zuviel auf Meinungen achten. Die Schrift ist unveränderlich und die Meinungen sind oft nur ein Ausdruck der Verzweiflung darüber" (S. 383). Dass es gerade die Unveränderlichkeit der Parabel ist, an der verzweifelt wird, bedeutet, dass sie verschiedene Interpretationen zulässt, aber keine davon mit Gewissheit - oder auf der Abstraktionsebene der Fragestellung formuliert: Die unveränderliche Wahrheit lässt unterschiedlichste Wahrnehmungen zu, keine davon lässt sich aber als die richtige beweisen. Dass im Gegenteil die Vielfalt der Meinungen sogar zu unauflöslichen Widersprüchen führt, wird daraufhin deutlich: Zunächst wird K. selbst von einer weiteren Interpretation überzeugt, die seiner eigenen, die er gleichzeitig beibehält, scheinbar opponiert: Während er sich davon überzeugt zeigt, dass der Türhüter der Getäuschte ist, beharrt er auch auf dem Standpunkt, dass es der Türhüter ist, der den Mann täuscht (S. 387). Als K. die Gegensätzlichkeit dieser Positionen aufzulösen versucht, indem er behauptet, die Täuschung des Mannes sei eine Folge derer des Türhüters, wird durch den Geistlichen die Unvereinbarkeit der von ihm angeführten Meinungen vollendet, indem dieser den Einwand bringt, dass eine solche Lesart nicht möglich sei, da der Türhüter „zum Gesetz gehörig, also dem menschlichen Urteil entrückt" sei (S. 388).

Es ist aber nicht nur der Türhüter dem Gesetz zugehörig, sondern der Geistliche, als eine für das Gericht tätige Person, ebenfalls. Wenn dieser also sagt, dass das dem Gesetz Zugehörige „dem menschlichen Urteil entrückt" sei, trifft er auch eine Aussage über sich selbst: An seinen Äußerungen kann nicht gezweifelt werden. Da diese aber hauptsächlich aus den Interpretationen von „Vor dem Gesetz" bestehen und sich darüber hinaus auch noch widersprechen, bedeutet dies nicht weniger, als dass es unmöglich ist, eine eindeutige Wahrheit zu erfahren. Zwar sagt er auch: „Richtiges Auffassen einer Sache und Mißverstehen der gleichen Sache schließen einander nicht vollständig aus." (S. 381) Aber diese Aussage bedeutet letztlich nichts anderes, als dass es unmöglich ist, eine objektive Wahrheit zu erfassen, denn „richtiges Auffassen" geschieht immer aus der Perspektive des Deutenden und muss von diesem vorausgesetzt werden, um überhaupt zur Interpretation motiviert zu sein – gleichzeitig steht es aber all den anderen Deutungen gegenüber, die dieselbe Daseinsberechtigung haben und von deren Position es als ein „Mißverstehen" gewertet werden muss.[21]

---

21 Vgl. JEZIORKOWSKI, Klaus: „Bei dieser Sinnlosigkeit des Ganzen". Zu Franz Kafkas Roman „Der Proceß". in: Franz Kafka. Hg. von Heinz Ludwig ARNOLD. München 2006, S. 216.

Eigentlich sollte die Parabel K. zu verstehen geben, inwiefern er sich im Gericht täuscht, aber durch die Vielfalt der sich widersprechenden Interpretationen konnte sie ihm gar nicht weiterhelfen. Statt irgendeine hilfreiche Erkenntnis aus ihr gezogen zu haben, befindet er sich danach in noch größerer Ahnungslosigkeit – diese schlägt sich metaphorisch auch darin nieder, dass er nach der Diskussion den Dom, obwohl es noch Tag ist, als so finster empfindet, dass er nicht einmal mehr weiß, wo genau darin er sich befindet (S. 389). Vielmehr hat sich das Gespräch mit dem Geistlichen als „eine Metakommunikation über die Unmöglichkeit des Verstehens, die K.s gesamtes Verhalten bestimmt"[22], erwiesen: Es hat ihm gezeigt, dass eine eindeutig scheinende Realität sich bei genauerer Betrachtung in unbefriedigende Zweifel auflöst, denn es heißt am Ende des Kapitels, dass die „einfache Geschichte unförmlich geworden" (S. 389) war. Schließlich äußert sich seine Resignation und die Aufgabe des Versuchs, überhaupt noch die Wahrheit zu erfahren, darin, dass er diese „einfache Geschichte [...] von sich abschütteln" (S. 389) wollte und dass er der Meinung ist, dass sie „besser geeignet zur Besprechung für die Gesellschaft der Gerichtsbeamten als für ihn" wäre.

3. Fazit

Das Ziel dieser Arbeit war es, anhand zweier sehr unterschiedlicher Texte zu prüfen, in welchem Verhältnis die Wahrnehmung der Protagonisten in Kafkas Geschichten zu der Realität der sie umgebenden Welt steht. Die Ergebnisse der jeweiligen Analyse haben sich als ähnlich herausgestellt: In „Auf der Galerie" wurde einerseits deutlich, dass die Wahrnehmung der Perspektivfigur nicht mit der Realität übereinstimmen kann, andererseits wurde mittels einer aus ihrem Unterbewusstsein hervorgehenden Alternativdarstellung auch gezeigt, dass sie ihre Täuschung fühlt. In dem Kapitel „Im Dom" in „Der Prozess" wurden in der Diskussion über Exegese der Parabel „Vor dem Gesetz" mehrere so widersprüchliche Meinungen besprochen, dass es am Ende ebenfalls die einzige Erkenntnis der Hauptfigur war, dass sie die Wahrheit nicht erkennen kann.

Als allgemeiner formuliertes Gesamtergebnis können im Rahmen der bearbeiteten Texte also zwei Feststellungen festgehalten werden: Erstens ist es den Protagonisten durch ihre perspektivische Befangenheit nicht möglich, die Wahrheit zu erkennen. Zweitens haben sie aber wenigstens die – bewusste oder unbewusste – Einsicht, dass ihre eigene Meinung über einen Sachverhalt nicht die einzige und auch nicht die richtige sein kann.

---

22 Ebd.: S. 96.

Der Umfang dieser Arbeit gestattete nur die Analyse zweier Beispiele, die sehr verschieden sind und auch unterschiedlichen Kontexten entstammen, dennoch sind die hier gewonnenen Erkenntnisse nicht ohne Weiteres verallgemeinerbar. Um diese Thematik tiefer zu erschließen, böte es sich für eine andere Untersuchung an, weitere Texte mit derselben Fragestellung zu untersuchen. In dem dem Frühwerk Kafkas entstammenden Erzählband „Betrachtung" sind beispielsweise ganz andere Erzählsituationen zu finden und es müsste zunächst geprüft werden, ob eine Fragestellung wie in dieser Arbeit in jenem Kontext überhaupt Sinn ergäbe. Ebenfalls wäre es interessant, Kafkas sprachreflexive Texte, wie etwa „Gespräch mit dem Beter", unter dem Gesichtspunkt der Perspektivität zu untersuchen, um zu prüfen, welchen Einfluss die menschliche Subjektivität auf die Fähigkeit hat, Sprache zu nutzen und zu verstehen.

Literaturverzeichnis

Primärliteratur:

KAFKA, Franz: Auf der Galerie. In: ders.: Historisch-kritische Ausgabe (Ein Landarzt). Hg. von Roland REUSS. Frankfurt a. M. [u. a.] 2006, S. 34-38.

KAFKA, Franz: Der Prozess. In: ders.: Historisch-kritische Ausgabe (Der Prozess). Hg. von Roland REUSS. Frankfurt a. M. [u. a.] 2008.

Sekundärliteratur:

BEISSNER, Friedrich: Der Erzähler Franz Kafka: ein Vortrag. Stuttgart 1961.

BINDER, Harmut: Motiv und Gestaltung bei Franz Kafka. Bonn 1966.

BUSSE, Constanze: Kafkas deutendes Erzählen. Perspektive und Erzählvorgang in Franz Kafkas Roman „Das Schloss". Münster [u.a.] 2001.

DIETZ, Ludwig: Franz Kafka. 2. Aufl. Stuttgart 1990.

JEZIORKOWSKI, Klaus: „Bei dieser Sinnlosigkeit des Ganzen". Zu Franz Kafkas Roman „Der Proceß". in: Franz Kafka. Hg. von Heinz Ludwig ARNOLD. München 2006, S. 200-217.

KOBS, Jörgen: Kafka. Untersuchungen zu Sprache und Bewusstsein seiner Gestalten. Bad Homburg v. d. H. 1970.

MAST, Günter: Ein Beispiel moderner Erzählkunst in Mißdeutung und Erhellung. In: Göttinger Blätter für Kultur und Erziehung 2 (1962), S. 237-247.

MÜLLER, Klaus-Detlef: Franz Kafka. Romane. Berlin 2007.

RICHTER, Helmut: Franz Kafka. Werk und Entwurf. Berlin 1962.

WALTER-SCHNEIDER, Margret: Denken als Verdacht. Untersuchungen zum Problem der Wahrnehmung im Werk Franz Kafkas. Zürich [u.a.] 1980.

BEI GRIN MACHT SICH IHR WISSEN BEZAHLT

- Wir veröffentlichen Ihre Hausarbeit, Bachelor- und Masterarbeit

- Ihr eigenes eBook und Buch - weltweit in allen wichtigen Shops

- Verdienen Sie an jedem Verkauf

Jetzt bei www.GRIN.com hochladen und kostenlos publizieren